AF321228

6ᵉ Conférence

LES ARABES

Les Arabes

Les Juifs, qui font remonter leur origine au père Abraham, reconnaissent bien qu'ils sont les puînés des Arabes, puisque d'après eux Ismaël naquit bien avant son frère Israël. Il est vrai que ce dernier aurait eu l'avantage d'être tout spécialement béni par le Très-Haut ; mais le fait de la primogéniture suffit pour que, d'après l'opinion populaire, une certaine dignité appartienne aux descendants du premier né. Et certes, les Arabes sont bien les plus anciens des Sémites, c'est-à-dire que c'est encore parmi eux que l'on retrouve les vrais types primitifs des bergers nomades, auxquels les Juifs actuels ressemblent si peu par le type, le caractère et les mœurs.

L'Arabie est un très vaste territoire en comparaison de la plupart des Etats d'Europe : elle représente plus de cent fois l'étendue de la Belgique, mais aussi elle est cent fois moins peuplée en proportion : elle n'a probablement que six millions d'habitants et de vastes régions sont absolument désertes : elles sont même inconnues. Nul pas humain n'a foulé les sables ou les rochers de toute la moitié sud-orientale de la Péninsule à une faible distance des rivages. En étudiant une carte de l'Arabie sur laquelle sont tracés les itinéraires des voyageurs qui depuis Carsten Niebuhr, il y a 140 ans, ont raconté leurs explorations, on constate qu'au moins un quart du territoire péninsulaire reste encore à découvrir. Cependant, ce que l'on sait par les récits des indigènes et par les allures normales du sol, permet de donner une description sommaire de la contrée, du moins quant à ses traits généraux. Même, bien avant Baedeker, un Arabe, Hamdâni, nous a donné un guide de la Péninsule, *Djeʐirat el Arab*, que les voyageurs utilisent de leur mieux pour leurs explorations.

La saillie la plus remarquable de l'Arabie est la longue chaîne côtière interrompue en succession par des brèches inégales, qui continue les montagnes bordières de la Syrie et de l'Idumée et qui longe la cassure où pénétrèrent les eaux de la mer Rouge. Cette arête littorale, dont la formation est évidemment en rapport avec l'effondrement parallèle du golfe Arabique, est désignée dans chaque province de la côte sous un nom particulier ; mais les géographes arabes l'appellent souvent Djebel el Chafah, ou montagne de la « Lèvre », comme pour indiquer sa position relativement à la mer. On lui donne aussi le nom général de Djebel Serât. Ces monts ont été percés en mains endroits par des explosions de cendres et de laves, et s'appuient à l'est sur des « Harra » ou des « Brûlées », amas de scories qui s'épanchèrent au bord d'une mer ancienne, depuis longtemps disparue. L'extrémité terminale de ces montagnes bordières, le Yemen, en est la partie la plus haute : là se dressent des pointes qui dépassent 3,000 mètres et où l'on aperçoit quelquefois des stries de neige.

Le long de la côte méridionale se profile çà et là un rebord de montagnes formant une sorte d'ourlet, et sur la côte orientale, correspondant au massif du Yemen, se dresse un autre groupe, d'altitude à peu près égale ; ce sont les montagnes d'Oman, que leurs roches nues, offrant au soleil brûlant leurs éclatantes couleurs primitives, font briller étrangement au loin. A l'est de ces gigantesques rochers se projette en mer une arête d'anciens volcans, dardée en forme de poignard vers les côtes de la Perse : les courants marins, forcés de contourner le Ras Mazandan, ont érodé la côte opposée, de manière à rythmer parallèlement les deux rivages. Un écueil de la porte d'entrée sert d'autel aux marins. Encore de nos jours, quand les matelots doublent le rocher pour s'aventurer sur la haute mer, aux longues vagues crêtées d'écume, ils jettent des guirlandes de fleurs vers le rocher, ou même, comme des enfants, confient à la mer un petit modèle de navire, avec une pincée de riz pour chargement : la faim du terrible gouffre sera peut-être apaisée par cette offrande. Au retour, les voyageurs feront d'autres cérémonies de remerciements et d'hommage devant la pierre sacrée, dite du Bon Départ ou du Bon Accueil. De l'autre côté de l'Arabie, les marins superstitieux se sentent également émus lorsqu'ils franchissent la « Porte des Douleurs », le « seuil de ceux qui vont mourir ». Sans doute, le langage des prières n'est pas le même, les vœux se font suivant d'autres formules chez l'Hindou, le mahométan, le chrétien ou le païen, mais ceux qui ont besoin d'ajouter à leur force, à leur volonté propre, la force inconnue d'un être chimérique, sont bien tous en réalité les mêmes êtres asservis.

Prise dans son ensemble, la péninsule d'Arabie, avec son rebord de montagnes sur ses trois faces extérieures, a jusqu'à un certain point la forme d'une caisse rectangulaire, creuse en son milieu. Ce n'est pas que des monts et des plateaux ne s'élèvent aussi dans l'intérieur, et même une partie de cette région est connue sous le nom de Nedjed ou « Haut Pays », mais ces protubérances centrales n'atteignent pas à la même hauteur que les saillies du pourtour et sont séparées les unes des autres par des *nefoud* ou bras de déserts sableux qui serpentent comme des détroits entre des massifs insulaires. Dans la partie méridionale de la péninsule, les cavités sont assez profondes pour ressembler à des mers de sable : à l'ouest s'étend le Djof, c'est-à-dire le « Ventre », mot qui doit exprimer la forme même de la grande dépression ; à l'est, se prolonge l'immense désert rouge, le Dahra, que nul pas humain n'a franchi depuis des milliers d'années.

Les nombreux voyageurs qui ont parcouru l'Arabie pendant ce siècle nous parlent des merveilles de ces déserts qui ont aussi leur beauté, leur charme infini, et le Bédouin nomade, tout en y cherchant très péniblement son existence, préfère ce séjour à celui des villes étroites, sans horizon. L'immensité de l'espace, quels plaisirs nos tristes cités pourraient-elles lui offrir en échange? Maint Européen, saisi par la fascination des voyages, est tenté de sentir comme le Bédouin et ne se plaît que sur le chemin des sables, sous le ciel embrasé de l'Arabie. Et d'ailleurs, que de problèmes géographiques il reste encore à élucider dans ces régions désertes ! Quelle est la raison du contraste que l'on observe entre les dunes dont les sables sont toujours silencieux, et celles où le moindre éboulement résonne, tantôt comme le tintement des cloches, tantôt comme une vibration de harpes, parfois même comme un chant lointain de voix humaine? Quelle est la cause de cette régularité bizarre que l'on observe en mainte région volcanique dans les fragments d'obsidienne ou d'autres scories, disposés avec la même symétrie que les carreaux d'un pavé artificiel? Faut-il y voir les effets des secousses produites par la vibration rythmée des tremblements de terre? Ailleurs, le sol qui semble avoir été recouvert jadis par un lac de verre, offre une série d'ondulations, toutes de dimensions égales, dont un côté, parfaitement lisse, réfléchit la lumière du soleil comme une glace ou comme l'argent, tandis que l'autre côté, terne et gris, ressemble à l'oxyde de plomb? Comment, dans quelles conditions physiques et chimiques se sont produits ces phénomènes? Et comment expliquer ces étranges cavités que l'on appelle des *fouldj* et qui ressemblent uniformément à des empreintes d'un sabot de cheval qui aurait jusqu'à 100 mètres de profondeur? Faut-il y voir les tassements produits par les méandres de fleuves souterrains, peut-être ceux qui jaillissent en sources dans l'île de Bahraïn et dans les détroits voisins? Et les mers de sable, dont la ténue poussière d'une blancheur de neige, laisse passer le plomb de sonde aussi facilement que si c'était une masse liquide et dans laquelle un objet lancé d'une haute falaise disparaît aussitôt? Sont-ce des strates de sable qui reposent sur une mer souterraine? Enfin, pourquoi les dunes rouges du désert de Dahra sont-elles toutes alignées dans le sens du nord au sud, ce que l'on ne saurait expliquer par la direction du vent? L'opinion de quelques savants, opinion qui semble très plausible, est que les sables, influencés par la rotation de la Terre comme les eaux de la mer, sont entraînés de l'est à l'ouest dans le même sens et par les mêmes causes que les courants équatoriaux de l'Atlantique et du Pacifique.

On comprend que la population soit très clairsemée en un pays où les pluies sont si rares, où dans un espace que nous savons être six fois grand comme la France, ne coule probablement pas un seul ruisseau permanent, car le fait est contesté : peut-être, en effet, dans l'Hadramaout, y aurait-il un filet liquide atteignant régulièrement la mer, en coulant à la surface du sol. Certains massifs de montagnes, tel celui d'Oman, se montrent absolument nus, sans terre végétale qui en découvre le rocher. Seulement, une cime, le Djebel Akhdar a mérité son nom, le « Mont Vert », parce que sous les stries de neige qui apparaissent parfois sur la haute cime de 3,000 mètres, se montrent aussi quelques taches de vert, un gazon bientôt brûlé par le soleil et le vent. Cependant, il est à croire que la péninsule d'Arabie fut autrefois plus verdoyante et plus fleurie et par conséquent plus habitée. On voit dans les lits des oued la trace de fleuves abondants, et partout, dans le voisinage du désert, les habitants parlent de cités disparues. De même que sur les côtes de l'Atlantique français, les marins tendent l'oreille pour entendre les cloches d'Anchise, d'Antioche ou de la ville d'Ys, de même les Arabes entendent résonner sous les sables les appels du muezzin convoquant les fidèles à la prière.

Un indice très sûr de la supériorité de l'Arabie ancienne sur l'Arabie moderne comme mère de peuples, est que, d'après tous les témoignages antiques, les voies naturelles de communications entre les diverses contrées de l'Asie antérieure et les montagnes du Yemen étaient beaucoup plus fréquentées qu'elles ne le sont de nos jours. Cette région angulaire au sud de la péninsule, région qui compte actuellement pour si peu dans l'économie générale du monde, eut une valeur de premier ordre dans l'œuvre de civilisation. Suivant l'expression de Schweinfurth, l'histoire de l'humanité progressive aux premiers âges connus, eut trois foyers principaux, correspondant à l'ancienne Babylonie, à l'Egypte et à ces montagnes du Yemen qui méritèrent le nom d' « Arabie Heureuse ». Evidemment, cette région, favorisée entre toutes les contrées de la péninsule, devait nourrir et développer une population très différente de celle des terres basses ; à tous ses avantages de sol et de climat devaient correspondre pour ses habitants des privilèges spéciaux.

Tout d'abord, les conditions d'humidité diffèrent singulièrement sur ce massif angulaire de la péninsule exposé au heurt des vents humides venus de la haute mer. Il pleut dans ces contrées, et même il y tombe des averses puissantes qui y forment toute une ramure de torrents dans les parties supérieures et moyennes de la région montagneuse, mais qui tarissent en bas, dans la zone côtière dite du Tehama. Toutefois, ces pluies ne donnent que la moindre part de l'humidité nécessaire à la croissance des plantes. Sur le versant extérieur des monts tourné vers la mer Rouge et vers le golfe d'Aden, il se passe un phénomène tout à fait analogue à celui que l'on observe sur les côtes péruviennes où les pluies sont très rares. L'air chargé des vapeurs d'eau qui s'élèvent des deux mers et que lui apportent les moussons, perd sa transparence, et une épaisse couche de brouillard recouvre tout le penchant des monts au sud et à l'occident jusqu'au sommet des crêtes. Pendant toute la matinée, l'horizon est obscurci et l'humidité qui suinte sur le sol est assez abondante pour baigner les feuilles et les racines des plantes, même pour tremper les vêtements des voyageurs comme une forte pluie. Ainsi s'explique le fait que la végétation puisse donner de riches produits dans une contrée où les pluies sont insuffisantes. Pendant une moitié de la journée, jusque vers midi, la température du Yemen ressemble à celle d'une serre chaude ; mais dès que le soleil redescend vers l'ouest, les vapeurs se dissipent et le soleil reprend son empire en cheminant implacable dans le ciel bleu. C'est très certainement à cette constitution de l'atmosphère que la flore de cette partie du monde doit les parfums et les qualités précieuses qui la distinguent. Le Yemen, l'ancien pays de Saba, est la contrée par excellence des drogues et des aromates, la casse, le séné, la myrrhe, l'encens, le café et le kât (*celastrus edulis*) que l'on emploie comme le café et qui enivre comme le hachich, quoique moins légèrement. Grâce à ces richesses naturelles, aux sèves et aux gommes dont les rares vertus étaient plus appréciées autrefois qu'elles ne le sont de nos jours, la contrée était devenue fameuse dans tout le monde antique connu des Orientaux : un des lieux de rendez-vous les plus fréquentés par les navires était l'entrée méridionale de la manche Arabique avec son parvis de l'Océan jusqu'au promontoire des « Aromates », le cap Guardafui des marins actuels.

Un deuxième avantage du milieu devait assurer la prééminence ethnique des Hymiarites, la facilité des communications avec le reste du monde. Le golfe Arabique, peut-être nommé d'après le peuple du Yemen, car l'appellation « Bahr et Amhra » prête au double sens et peut signifier tout aussi bien « mer des Hymiarites » que « mer de couleur rouge », leur apportait les hommes et les marchandises de la Syrie et de l'Egypte, tandis que par le golfe d'Aden, s'établissaient les relations de voyage et de commerce avec l'Afrique, l'Inde, l'Australasie. Les routes de terre convergeaient aussi vers le Yemen : une voie historique, parallèle à la crevasse dans laquelle s'étendent les eaux de la mer Rouge, suivait le versant oriental de la chaîne côtière de Damas à Saba ; une autre route, partie de Babylone et remontant la pente des hautes terres par le Oued el Ermak ou Oued el Roumma et les plateaux du Nedjed, aboutissait au même massif du Yemen ; une troisième voie longeait la rive méridionale de la péninsule en partant de Bahraïn et du pays d'Oman. Enfin, le rétrécissement de la mer à son entrée, faisait des ports du Yemen le lieu le plus facile et le plus agréable de traversée entre les deux côtes opposées. Une comparaison arabe d'une parfaite exactitude désigne le pays du Yemen comme le « gond » de la porte qui s'ouvre entre les deux mondes d'Europe et d'Asie.

Grâce à ces avantages, la population des Hymiarites eut une histoire ; elle put se modifier, se renouveler sans cesse, se transformer dans sa race, ses idées et sa civilisation. Certainement, les habitants du Yemen ne sont pas et, dans les temps historiques, ne furent jamais des Sémites purs : les éléments somal et autres, généralement désignés sous le vocable collectif de chamitiques, sont fortement représentés dans le pays, et l'on y trouve aussi des gens de race hindoue, très apparentés à nos Tziganes d'Europe. Par le sang et par les mœurs, ils contrastent absolument avec les Bédouins, les bergers arabes qui se déplacent de solitude en solitude à la recherche des points d'eau et des pâturages. Ces Bédouins, nous les connaissons, ce sont les mêmes qui, aux temps du père Abraham, parcouraient les déserts entre l'Euphrate et le Jourdain. Ils ont à peine changé : ils ne pourraient changer, puisque le ciel, la terre, les conditions maîtresses de la vie sont exactement restées les mêmes autour d'eux. Sans doute, ils répètent les mots du pâtre musulman « Lala ill Allah Rassul Allah » ! Mais une formule de plus ou de moins ne fait rien à la substance même de l'être, et le Bédouin reste ce qu'il fut : amoureux de la liberté, orgueilleux, hospitalier, pillard, heureux de vivre, dédaigneux de toute plainte.

Non seulement les Hymiarites eurent leur histoire, mais ils eurent aussi une action considérable sur l'histoire de leurs voisins. Ce sont eux qui furent les éducateurs du peuple d'Ethiopie, qu'ils regardent par-dessus le détroit de Bab-el-Mandeb. Le nom géographique dont nous avons fait « Abyssinie » s'est déplacé de l'Arabie aux montagnes éthiopiennes, c'est-à-dire de l'Asie à l'Afrique. Le peuple des Habasat, également connu, il y a trois mille ans, sous le nom de Pount, habitait un district du Yemen très riche en encens et en myrrhe, produits que ses émigrants allaient vendre sur la côte des Somal et sur les montagnes éthiopiennes. Ce commerce donnait lieu à des migrations périodiques, et celles-ci, à leur tour, furent suivies par de véritables invasions qui firent de la région du plateau où s'élève la ville d'Adoua un nouveau pays des Habasat. Cette identité du nom, en Arabie et en Abyssinie, est amplement démontrée par les inscriptions que l'on a trouvées des deux côtés de la mer Rouge, car les Hymiarites étaient des chroniqueurs zélés, couvrant les rochers de leurs souvenirs plus ou moins dignes de mémoire pour les transmettre à la postérité dont nous faisons partie. Certains voyageurs ont recueilli plusieurs centaines de ces inscriptions, qui nous permettent de pénétrer plus avant chaque année dans l'histoire ancienne de ces contrées de l'Afrique et de l'Asie. D'après Glaser, le nom d'Ethiopiens devait s'expliquer d'une manière analogue à celle de Habasat. Ce dernier mot, signifiant « collecteur de plantes », serait dû au commerce traditionnel des gommes et des racines aromatiques. Le mot « Atiobian » se traduit par « marchand d'encens » et a donné lieu à une sorte de calembour des Grecs, qui ont vu dans ce nom la signification de « gens brûlés du soleil ».

L'influence directe des peuples civilisés de l'Arabie méridionale sur les Ethiopiens est aussi très bien établie par l'architecture des anciens édifices consacrés au culte des divinités solaires, qu'adoraient les fidèles de la région sabéenne. Le même chemin, du littoral de la mer Rouge jusqu'au Yemen et du Yemen en Ethiopie, servit aux Juifs qui, d'étape en étape, se transportèrent en colonies puissantes dans toutes les contrées du parcours et qui répandirent en même temps leur religion, dont il resta tant de traces dans toutes les religions postérieures en date. L'une d'elles, la religion du Christ, ainsi que les sectes gnostiques, la philosophie et même un peu de l'art grec, pénétrèrent par le même chemin ; mais de toutes ces migrations successives quelque chose est resté : parmi les cérémonies de l'église abyssine, il en est que l'on peut attribuer à tous les cultes que l'on a successivement professés dans la contrée.

Il y a dix-sept siècles et demi, un terrible désastre frappa les Hymiarites : La digue de Mareb, retenant les eaux d'un grand réservoir artificiel, se rompit sous la pression des eaux d'orage et toutes les villes de l'aval furent détruites, toutes les campagnes ravagées. Du coup, si l'on croit les traditions, la nation se trouva frappée au cœur. Toute vie nationale cessa, le peuple se brisa en fragments épars ; une dispersion des Hymiarites analogue à la dispersion des Juifs causée par la destruction du temple de Jérusalem, s'accomplit vers toutes les contrées avoisinantes, l'Ethiopie, le Hadramaout, l'Asie et le Hedjaz. De nouvelles petites Hymiaries avec les restes de leur civilisation appauvrie se fondèrent aux alentours et un nouveau cycle de l'histoire commença pour l'Arabie, dont le foyer de civilisation se reporta vers le Nedjed, au milieu de la Péninsule. Jusqu'à la période de l'hégyre et au triomphe de l'Islam, on ne compta les années en Arabie qu'à partir de l'année fatale où s'était accompli le désastre de Mareb.

Pendant toute la durée de la prospérité des Hymiarites, cette nation, cantonnée à l'une des extrémités du monde, n'avait point encore d'empire direct sur le reste de la Péninsule, et après eux, aucune puissance ne s'empara de cette domination. L'Arabie, parfaitement délimitée dans sa forme presque insulaire, constitue un tout géographique bien distinct ; cependant elle se trouve divisée à l'intérieur en contrées si diverses que l'union politique ne s'est jamais faite. L'Arabie ne fut jamais complètement une par son histoire. Même aux siècles les plus glorieux de l'Islam, alors que les conquérants arabes débordaient sur le monde, il n'y eut pas d'Etat comprenant l'ensemble de la Péninsule. Le manque de cohésion climatique et tellurien, la division naturelle du pays en domaines naturels différents, séparés les uns des autres par les *nefouds* et d'infranchissables déserts, voua les populations distinctes, chacune à ses destinées particulières. Si les tribus et les confédérations de tribus se heurtent souvent les unes contre les autres, les causes en sont toujours soit le goût du pillage, soit la vengeance ; l'amour de l'extension territoriale et de la domination sur des millions de sujets n'y entrent que pour peu de chose. Les Arabes ont toujours été laissés à leur instinct de liberté sauvage, excepté par les Egyptiens et les Turcs pendant ce siècle-ci ; mais ces derniers ne sont arrivés à réaliser leurs ambitions que pour un faible territoire. Sauf par le chemin de navigation qui emprunte la mer Rouge et par les routes de terre que suivent les Hadji ou Pèlerins dans la direction de la Mecque, l'Arabie est actuellement laissée tout à fait en dehors des voies historiques. Même lorsque les Arabes, soulevés par la foi qui transporte les montagnes, se lancèrent à la conquête du monde, ils furent aussitôt obligés de déplacer leur centre politique d'action : La Mecque, Médine continuèrent d'être des villes saintes, mais les capitales, émigrant, pour ainsi dire, allèrent s'établir sur l'un des grands chemins des nations, à Damas, au Caire, à Bagdad.

Un des miracles apparents de l'histoire est le prodigieux succès des armées arabes dans les premiers siècles de l'Islam. Certes, les Omar, les Amroun et les Khaled ont bien pu croire qu'ils étaient les élus de Dieu en voyant les empires se fondre devant eux comme la glace au soleil, et les victoires mêmes que remportèrent les Arabes ont dû les enivrer de leur prestige, les porter à croire qu'ils étaient invincibles. Mais au fond de toute révolution politique durable, il faut chercher la révolution sociale ; c'est dans les profondeurs mêmes de la société que l'équilibre se modifie. Si les Arabes ont si facilement triomphé, c'est que vis-à-vis de l'empire byzantin, de la Perse et de tant d'autres Etats, ils représentaient un principe supérieur. A tous les esclaves qui proclamaient avec eux la gloire du Dieu unique, ils apportaient la liberté, et non pas seulement la liberté, mais une fraternité réelle, une égalité complète ; aux travailleurs de la terre, privés de la propriété, opprimés par le grand feudataire, pressurés par le fisc, ils donnaient une constitution nouvelle de la terre. Les bornes disparaissaient devant eux, le sol devenait le patrimoine commun de la tribu tout entière et de ceux qui étaient désormais ses frères par la foi. Sans doute cette attribution du sol à la communauté guerrière et agricole constituait un grand danger pour l'avenir, car la communauté devait finir par être asservie à des chefs et maîtres absolus qui se substituèrent à leurs sujets; mais aussi longtemps que dura la ferveur de la foi, la forme nouvelle de la tenure du sol fut vraiment la délivrance pour toutes les foules asservies, et c'est avec une explosion d'enthousiasme qu'elles accueillirent le vainqueur qui leur assurait à la fois le pain et l'égalité.

Mais les Arabes étaient peu nombreux. Leurs armées étaient grossies en route par des milliers de convertis, Syriens et Egyptiens, puis Turcs et Mongols. Sous la force de la poussée première, l'œuvre de conversion garda son caractère initial de révolution économique; mais de plus en plus les éléments militaires se mêlèrent à la propagande religieuse, et bientôt les peuples de l'Europe n'eurent plus à lutter que contre de simples conquérants comme les autres. Les Arabes eux-mêmes ne purent s'établir à demeure que dans les contrées offrant des traits de ressemblance climatique avec leur pays d'origine, c'est-à-dire dans la Syrie et dans le nord de l'Afrique, dans le pays de Barka, dans la Tripolitaine et la Maurétanie. Partout ailleurs, le reflux des populations indigènes les eut bientôt noyés et d'autres Mahométans les remplacèrent dans la lutte. Deux cents années après que les paroles ardentes de Mahomet eurent lancé les Arabes à la conquête du monde, du détroit de Gibraltar au golfe du Bengale, et quand la civilisation dite « arabe » rayonna au-dessus de toutes les autres, les vrais Arabes, les « fils du désert » étaient devenus fort rares dans les armées envahissantes. La plupart de ceux que n'avait pas dévorés la guerre triomphante étaient revenus dans la péninsule d'origine ; ils avaient échappé au grand Etat mondial pour reprendre leur vie libre et fière sur la terre des aïeux. Dans le milieu antique renaissaient les habitudes d'autrefois ; les vendettes ressuscitaient entre les tribus, même contre la descendance du prophète ou celle de ses grands disciples, et des révoltés s'enhardirent jusqu'à renier l'Islam, à reprendre l'ancienne religion solaire des Hymiarites. Les Arabes, très amoureux de leur propre liberté, n'ont plus fait de tentatives contre la liberté des autres. Les prétendus « Arabes » que les Européens ont rencontrés dans les territoires du Tanganiyka et du Congo sont des négociants de Mascate commandant à des troupes de soldats beloutchi, de nègres et de porteurs zanzibarites : c'est une illusion complète de voir en eux les représentants d'une conquête sémitique.

Quoi qu'il en soit, il est certain que, pendant la période de l'ascendant arabe dans le monde méditerranéen, les combattants de la guerre sainte ne se montrèrent pas inférieurs à leurs ennemis de religion chrétienne. Grâce à eux, Grenade, Cordoue, Palerme, devinrent les cités les plus prospères et les plus belles de l'Europe : les campagnes les mieux cultivées furent celles de l'Andalousie et de la Sicile : les populations les plus libres, les plus autonomes dans le régime de leurs communes furent celles qui reconnaissaient la domination des Arabes. Chose curieuse : pendant le moyen-âge, deux Etats seulement pratiquèrent la tolérance religieuse, celui des Khazar, gouverné par des Juifs, et celui de la Sicile, régi par des Arabes, puis par leurs disciples en politique, les Normands. Nous pouvons dire autre chose : sous le régime arabe, la Sicile, aux communes indépendantes, ne connut jamais la famine : on n'y tuait pas, comme aujourd'hui, les enfants et les femmes qui demandent du pain !

On sait que les Arabes, aussi bien que les Juifs, furent dans l'Europe du midi les porteurs de la science des anciens Grecs, les initiateurs de la première Renaissance, qui précéda de trois cents ans la deuxième Renaissance, celle qui se produisit au XVe siècle, après la prise de Byzance. Mais le rôle de ces devanciers du monde moderne ne se borna pas à nous transmettre les trésors du passé ; il consista aussi à créer de nouvelles richesses, à élaborer des idées nouvelles, à faire progresser directement la science. C'est à juste titre que parmi les études mathématiques il en est une qui porte spécialement le nom d'algèbre, d'après l'Arabe qui l'enseigna ; les géographes modernes ne doivent pas oublier que, délivrés de leurs solitudes, les voyageurs arabes furent saisis d'une véritable frénésie de découvertes. Les récits des historiens, des géographes, des pèlerins arabes nous les montrent toujours par voies et chemins, allant de l'Occident en Orient et de l'Orient en Occident, et trouvant partout, de la Chine au Maroc, des parents et des connaissances, une famille. L'injonction du Prophète, relative à la visite de La Mecque, encourageait ce perpétuel voyage d'un bout du monde à l'autre, et les savants arabes s'y prêtaient d'autant mieux que, grâce à l'unité de la foi, ils obtenaient partout des fonctions répondant à leur mérite.

La science arabe aborda même la philosophie de l'histoire. Ibn Khaldoun, le premier parmi tous les hommes, prend pour objet de ses études le genre humain se développant en civilisation, ayant son origine, son évolution, sa foi, et, fait curieux, qui pour ma part m'emplit de joie, il est le premier qui, étudiant l'ensemble de l'humanité, lui donne comme idéal une société composée d'hommes qui se respectent les uns les autres, affranchis de tout gouvernement. « La cité parfaite se constituera, dit-il, en dehors de toute domination matérielle, de tous ordres, de toutes lois, par l'union d'hommes recherchant uniquement le bien et restés indifférents à toutes les mesquines considérations d'intérêt politique ou national » Et parmi les utopistes du moyen âge, il n'en est pas un seul que l'on puisse comparer pour la noblesse de la conception et la pureté de la pensée, au « Solitaire de Saragosse », à Ibn-Badja ou Avenpace, qui, s'adressant à tous les autres « Solitaires » du monde, c'est-à-dire à tous ceux qui ont le courage de penser par eux-mêmes, se transporte avec eux dans la république idéale de la justice et de l'amour, leur véritable patrie. La conclusion à laquelle arrive le Solitaire est celle à laquelle nous arrivons tous ici, je n'en doute pas, c'est qu'en dehors de toute religion, de toute patrie, de toute langue, nous travaillons dans la grande école du monde à nous enseigner mutuellement le peu que nous savons et à mettre en pratique communautaire tous les résultats de notre savoir.

Et maintenant que je viens de terminer, après plus de trois années de conférences, la description sommaire de l'Asie et que nous achevons d'assister au défilé de ses nations, permettez-moi de résumer mon impression en vous rappelant une page écrite par le peintre Fromentin. Cet artiste, amoureux de belles couleurs et sachant admirablement les reproduire par la plume plus encore que par le pinceau, raconte comment il lui arriva de croiser un jour sur les hauts plateaux de l'Algérie un détachement d'Arabes superbes, la tribu des Ouled Sidi Cheikh, tous montés sur des chevaux aussi beaux qu'ils l'étaient eux-mêmes et défilant triomphalement dans la belle lumière du soir. Ils passaient somptueux, éclatants, admirables, vêtus d'étoffes éclatantes, ornés de métaux resplendissants, tandis que lui, représentant mesquin d'une civilisation étriquée, s'avançait péniblement sur sa haridelle étique, vêtu de noirs habits de croque-mort, accompagné d'Européens sans allure et sans grâce. Fromentin eut franchement honte de représenter si mal, si piteusement, une civilisation dite supérieure. Certes, nous n'irons pas jusqu'à nous humilier, comme le fit l'artiste ; cependant, à la rencontre de toutes ces caravanes de la lointaine Asie, nous ne voudrons pas proclamer non plus que nous sommes les meilleurs : il nous suffit de sentir que nous sommes les frères de ceux qui défilèrent devant nous et que nous pouvons marcher ensemble à la conquête d'un plus haut avenir. Parmi ces hommes, frères de race ou étrangers par l'origine, il en est beaucoup dont les paroles peuvent nous instruire et dont la vie peut nous servir d'exemple.

ÉLISÉE RECLUS.

www.ingramcontent.com/pod-product-compliance
Lightning Source LLC
La Vergne TN
LVHW021107050726
842519LV00005B/1872